DÉPOSITION

DE MONSIEUR THIERS

SUR

LE DIX-HUIT MARS

PARIS

LIBRAIRIE GÉNÉRALE

DÉPOT CENTRAL DES ÉDITEURS

72, Boulevard Haussmann, et rue du Havre

VERSAILLES, CHEZ O. BERNARD

—

M DCCC LXXII

AF403369

57
Lb
16

DOCUMENTS

SUR LES ÉVÉNEMENTS DE 1870-71

DÉPOSITION DE M. THIERS

SUR L'INSURRECTION DU 18 MARS

DOCUMENTS

SUR LES ÉVÉNEMENTS DE 1870-71.

NOTA. — *Cette série de publications sera continuée.*

TABLETTES QUOTIDIENNES

DU SIÉGE DE PARIS

Réimpression de la LETTRE-JOURNAL

Un vol. gr. in-8º. — 3 FR.

189. — Paris, imprimérie Jouaust, rue Saint-Honoré, 338.

DÉPOSITION

DE MONSIEUR THIERS

SUR

LE DIX-HUIT MARS

PARIS

LIBRAIRIE GÉNÉRALE

DÉPOT CENTRAL DES ÉDITEURS

72, BOULEVARD HAUSSMANN, ET RUE DU HAVRE

VERSAILLES, CHEZ O. BERNARD

1872

Parmi les dépositions relatives à l'insurrection du 18 mars, il en est beaucoup qu'il eût . été intéressant de reproduire ici; mais le cadre de notre collection ne se prêtait pas à une réimpression aussi volumineuse. D'ailleurs, la publication qui vient d'en être faite va les répandre partout à un nombre considérable d'exemplaires, et, en nous dispensant de les réimprimer, nous ne manquons pas à notre programme, qui consiste surtout à conserver les documents publiés par les journaux, et qu'il est souvent très-difficile de retrouver par la suite.

Nous ne pouvions pas cependant laisser passer un faisceau aussi considérable de pièces importantes sans qu'il en restât quelque trace dans notre collection de documents contemporains. Ne pouvant donc donner toutes les dépositions, nous avons réimprimé celle de M. Thiers, qui, outre l'immense intérêt qu'elle présente, emprunte encore au caractère du personnage dont elle émane une autorité tout exceptionnelle.

A la suite de la déposition du Président de la République, nous avons reproduit de curieuses réflexions du *Journal de Saint-Pétersbourg* sur le passage relatif au séjour de M. Thiers en Russie pendant le mois d'octobre 1870.

DÉPOSITION DE M. THIERS

SUR L'INSURRECTION DU 18 MARS

Quand l'Assemblée nationale m'a fait l'honneur de me confier le pouvoir, je me suis trouvé en face de deux grands périls : d'une part, la guerre étrangère, qu'il fallait finir par la paix et par une paix nécessairement très-douloureuse; d'autre part, l'insurrection de Paris.

L'insurrection de Paris n'avait pas encore le caractère qu'elle a pris depuis; mais, même à cette époque, je ne doutai pas un instant que ce ne fût une très-grosse affaire que de venir à bout de Paris dans l'état où il se trouvait. Je ne mis pas en doute que nous aurions un combat terrible à livrer. Cependant j'acceptai le pouvoir que me confiait l'Assemblée, ayant ces deux gros soucis, qui m'empêchaient presque de goûter aucun repos.

J'avais refusé de participer à la Révolution du
4 septembre, et je n'avais consenti à prendre aux
événements une part d'ailleurs fort restreinte, que
pour dénouer la situation d'une façon légale.

La majorité du Corps législatif, comprenant que
c'en était fait de l'Empire, nous disait : « Il faut
éviter une révolution nouvelle ; notre honneur ne
nous permet pas de voter la déchéance, mais nous
ne demandons pas mieux qu'on nous fournisse le
moyen de la prononcer effectivement sans employer le mot. » C'est alors que je rédigeai la proposition que vous connaissez, et qui allait être
accueillie ; lorsque l'insurrection nous surprit,
trouva l'Assemblée à peu près abandonnée, et en
profita.

On voulut me mettre à la tête de cette révolution ; je m'y refusai obstinément. Je fus près d'un
quart d'heure président du Corps législatif ; et j'en
ai vu, pour ma part, l'envahissement avec beaucoup de chagrin et de regret.

Je rentrai chez moi et je résolus de n'en plus
sortir.

Bien décidé à rester dans Paris pendant le
siége, je songeais à me procurer des moyens d'é-
tude, lorsque le gouvernement de la Défense nationale vint me prier instamment, après un vote una-
nime, de vouloir bien me rendre en Angleterre et
auprès des diverses cours de l'Europe, pour rétablir les relations de la France avec les divers cabi-
nets.

Je me défendis beaucoup contre cette proposition; mais, en définitive, je vis que j'avais là un grand service à rendre à mon pays; je considérai que la forme du gouvernement n'était qu'une question secondaire, et que l'important, c'était de ménager à la France de bonnes relations avec l'Europe, dans un moment aussi grave et aussi terrible.

Cette considération me décida.

En même temps, d'ailleurs, je recevais des lettres de Londres qni me faisaient espérer beaucoup de bonne volonté pour la France; je me résolus donc à partir.

Je le répète, la mission que j'allais entreprendre m'était proposée avec de vives instances par tous les membres du gouvernement, sans en excepter M. Rochefort, qui me fit parvenir l'expression de ses sentiments par l'intermédiaire de M. Jules Favre.

J'arrivai en Angleterre; j'y trouvai, en effet, de l'intérêt pour la France, mais aussi la plus grande circonspection; et je vis par une certaine inquiétude que causait dans la sphère gouvernementale mon projet de voyage en Russie, que si je parvenais à exciter à Saint-Pétersbourg un intérêt un peu plus actif, je parviendrais peut-être à faire sortir l'Angleterre de son impassibilité.

Je partis donc pour Saint-Pétersbourg (1). Je

(1) Voir la note à la fin de la brochure.

trouvai chez l'empereur une très-grande bienveillance envers la France. Mais, évidemment, il avait
des liens avec la Prusse. On a dit beaucoup de choses
à ce propos. Y avait-il ou non un traité entre les
deux gouvernements? Je ne le sais pas; mais certainement il y avait des liens entre l'oncle et le ne-
veu, entre l'empereur de Russie et le roi de Prusse;
néanmoins, la société russe était très-animée en
faveur de la France et témoignait de ses vives sympathies pour nous par les manifestations les plus
frappantes. L'empereur était beaucoup plus con-
tenu; il me disait : « Je ne ferai pas la guerre pour
vous, mais soyez convaincu que je vous aiderai de
toute mon influence. »

Je restai quelque temps à Saint-Pétersbourg.
Malgré les manifestations de la société russe, j'a-
percevais cependant une extrême réserve chez les
membres du gouvernement. Tout à coup je vis les
visages changer; on me dit : « Il y a moyen de
faire la paix; allez à Versailles; les affaires peuvent
s'arranger. » J'avais connu M. de Bismarck à une
époque antérieure; j'avais l'honneur de connaître
le roi de Prusse; je pouvais donc espérer de trouver auprès du souverain et du ministre certaines
facilités de relations.

Je remonte jusque là pour bien vous exposer
comment j'ai vu l'état de Paris à cette époque et
comment mon appréciation de cet état s'est liée
avec ce qui a suivi. Cependant je dis au prince
Gortschakoff, que je connaissais depuis plus de

vingt ans : « Comment voulez-vous que j'aille à Versailles ? J'ai des pouvoirs absolus s'il s'agit de former des alliances ; mais je n'en ai pas quant aux conditions de la paix. Vous me proposez une chose impossible. — Il faut agir en bon citoyen, me répondit le prince Gortschakoff, vous pouvez conclure une paix supportable aujourd'hui.

— Sans doute, répliquai-je, mais pas celle que je voudrais. Je voudrais que la France fût intacte... Mais quand bien même je signerais la paix à Versailles, si je n'avais pas reçu de pouvoirs du gouvernement que je représente, je n'aurais rien fait. » A cela, le chancelier russe me répondit : « Soit, il faut que vous passiez par Paris. L'empereur va écrire à son oncle, et il demandera de vous y laisser entrer pour obtenir les pouvoirs dont vous avez besoin. » Les choses furent entendues ainsi. Cependant je dis au prince Gortschakoff : « Ne faites cette démarche que lorsque je vous le demanderai par le télégraphe ; car auparavant il faut que j'aille à Vienne et à Florence. »

Il fut convenu entre le prince Gortschakoff et moi que d'après ce que je verrais à Vienne et à Florence, si je pouvais espérer trouver assez d'appui pour qu'une démarche collective eût assez de résultats, j'en avertirais le cabinet de Saint-Pétersbourg.

Je me rendis à Vienne, où je ne dis rien de ce qui s'était passé entre le cabinet russe et moi ; et là je trouvai beaucoup de sympathies pour la

France, mais l'impossibilité d'agir dans le moment d'une manière efficace.

A Florence, le roi se montra désireux de faire quelque chose.

Il exigea que les ministres se réunissent; il convoqua ses généraux pour que je leur exposasse mes idées. L'armée d'Italie était bonne, elle est bonne encore. Elle formait un effectif de deux cent cinquante mille hommes, dont on pouvait tirer cent mille bons soldats pour leur faire passer les Alpes. Je dis aux généraux italiens : « Portez-vous sur Lyon par le mont Cenis; vous serez appuyés là sur une place très-forte, vous pourrez ensuite remonter la Saône, si vous voulez nous être vraiment utiles. Ce sera là une diversion qui ne présentera pas de grands dangers pour votre armée et qui permettra peut-être à l'armée de Metz de se dégager. » Le roi était de cet avis ; les généraux trouvaient qu'il n'y avait pas, en effet, grand danger à tenter cette opération; mais le gouvernement ne voulut pas en entendre parler. J'eus des discussions extrêmement vives : tout fut inutile. Les ministres manifestaient un intérêt réel pour la France, mais une crainte extrême de se compromettre vis-à-vis de la Prusse.

Quand j'arrivai à Tours, les Anglais ne savaient pas ce qui s'était passé à Saint-Pétersbourg; mais ils ne voulaient pas rester en arrière de ce que la Russie ferait pour nous. Sur-le-champ il fut convenu qu'il y aurait une démarche commune de la part des neutres.

Je fis jouer le télégraphe à Saint-Pétersbourg, et la situation se posa ainsi : c'est que je serais chargé de la part des neutres de proposer un armistice pour négocier un rapprochement entre la France et la Prusse, mais que je ne ferais cela qu'après avoir passé par Paris.

Ainsi c'est la Russie qui a donné le signal des démarches en notre faveur ; l'Angleterre ne voulut pas se laisser dépasser ; et c'est alors que se forma cette espèce d'alliance des neutres pour tâcher de rétablir la paix.

Le roi de Prusse et M. de Bismarck répondirent qu'ils étaient prêts à me recevoir, et qu'ils consentaient à me laisser pénétrer dans Paris, mais à la condition que je passerais par Versailles. Cette obligation de traverser Versailles avant d'avoir communiqué avec Paris me gênait fort, car j'aurais voulu, avant tout, avoir obtenu les pouvoirs du gouvernement que je représentais et qui était alors celui de la France. Il s'ensuivit quelques débats. Enfin la Prusse finit par consentir. Seulement on me dit qu'il était impossible d'aller à Paris sans passer par Versailles, que tous les moyens étaient préparés entre Paris et Versailles pour faciliter l'entrée dans la place, que cela ne pouvait se faire qu'avec des précautions infinies, et que de tout autre côté les difficultés seraient extrêmes. Je fus traité avec beaucoup d'égards. On voulait, disait-on, me laisser toute liberté dans mes communications; on ne me demanda pas si je portais des lettres; mais je voyais bien que j'étais l'objet d'une surveillance très-attentive.

Je fis mon voyage avec beaucoup de difficultés. On se battait avec acharnement autour d'Orléans, il n'y avait plus de chemins de fer, plus de chevaux de poste; on dételait des pièces de canon et on attelait des chevaux d'artillerie à ma voiture et c'est ainsi que j'arrivai à Versailles. J'y trouvai M. de Bismarck qui m'attendait; je lui dis : « Je ne puis vous parler que pour vous dire que je ne puis vous parler. » Il me répondit : « Je vous donne deux officiers qui vous précéderont, et s'il vous arrivait malheur, car chaque lettre me coûte un homme, vous ne mourriez pas de la main des Allemands. »

Nous arrivâmes aux avant-postes. On y tirait avec tant de continuité qu'il ne fut pas aisé pour les parlementaires de se faire reconnaître. Nous trouvâmes sur le rivage de la Seine deux petites barques. M. de Bismarck, en me remettant aux mains des officiers qui m'accompagnaient, m'avait dit : « Ces messieurs seront à votre disposition. Je crois qu'il faudra bien des jours avant de persuader les hommes qui gouvernent, mais enfin les officiers qui sont chargés de vous accompagner seront là, et ils vous attendront jusqu'à ce que vous puissiez sortir, et que vous leur donniez le signal de venir vous reprendre. »

Je traversai la Seine. Je dis à ces officiers :
« Attendez-moi tous les jours à quatre heures.
C'est l'heure où je tâcherai de sortir de Paris, si
j'ai des pouvoirs pour me rendre au quartier général allemand. »

J'étais dans les lignes françaises. Je fus conduit
au quartier général français, qui était installé dans
l'hôtel de M. de Rothschild, au bois de Boulogne,
que je trouvai dans un état effroyable. De là, je me
rendis immédiatement au ministère des affaires
étrangères. Je voulais renseigner tout de suite les
membres du gouvernement sur la situation de
l'Europe dont ils ne savaient rien. Ils ignoraient
que Metz venait de se rendre, et je les pressai de
traiter de la paix.

J'entre dans ces détails pour vous faire comprendre l'état dans lequel je trouvai Paris. Quand j'annonçai à M. Jules Favre la reddition de Metz, il fut
consterné.

Cette nouvelle produisit dans Paris un effet extraordinaire; on y vivait d'illusions; l'émotion fut
proportionnée à cette cruelle surprise. Cependant,
à ce moment-là, aucun danger personnel ne sem-
blait menacer ni moi ni d'autres. Le lendemain,
ce fut autre chose. Je demandai que le gouvernement s'assemblât la nuit même. Les hommes modérés étaient encore dans Paris; ils n'en sont sortis
qu'après la capitulation, et les furieux n'en étaient
jamais sortis. La nouvelle de la reddition de Metz
et celle de mon arrivée avaient surpris à la fois les

Parisiens; la masse de la population voulait la paix! les furieux poussaient des cris, proféraient des menaces. Je restai là vingt-quatre heures, et je trouvai le gouvernement convaincu que ce qu'il y avait de mieux à faire, c'était de négocier un armistice; car on ne pouvait conclure la paix d'un seul coup, et il fallait commencer par une suspension d'armes. On me donna des pouvoirs limités, mais suffisants. Le gouvernement réclamait le droit pour la capitale assiégée de recevoir des vivres pendant la durée de l'armistice, et proportionnellement à cette durée, ainsi que cela se pratique d'ordinaire pour les villes assiégées pendant les suspensions d'armes. Les journaux de l'Europe s'étaient déjà occupés de cette question, et j'acceptai de prendre cette condition pour base, parce qu'elle est généralement admise dans les négociations de ce genre. Le lendemain matin, on vint me dire que l'agitation augmentait dans Paris par suite de la nouvelle de la reddition de Metz et du bruit qui s'était répandu que le gouvernement songeait à traiter. Nous avions passé la nuit à délibérer, et mes pouvoirs avaient été déterminés. Le général Trochu devait venir me prendre et me reconduire lui-même aux avant-postes. J'étais bien heureux d'en avoir fini dans les vingt-quatre heures, pour prouver aux Prussiens que le gouvernement français était plus en mesure qu'on ne le supposait de prendre des résolutions sérieuses et raisonnables.

Cependant, vers midi, le général Trochu me fit dire que l'agitation était si grande, qu'il ne pouvait venir me rejoindre, mais que les pouvoirs qu'on m'avait donnés étaient maintenus, et que je pouvais partir. Je me hâtai de le faire, parce que je craignais qu'on ne modifiât ces pouvoirs, et qu'on ne rendît ainsi l'armistice plus difficile.

Jusque-là, je ne croyais pas que la journée du 31 octobre fût très-redoutable, parce que la force du gouvernement était réellement considérable. On l'accusait de se faire l'allié des Prussiens ; je croyais, par l'effet de ces absurdes imputations, à quelque trouble possible, à quelque tentative d'émeute, mais je ne croyais pas, je l'avoue, à cette journée qui eut une si fatale influence sur la situation. Je partis à deux heures, et je me rendis, escorté par une troupe à cheval, sur les bords de la Seine, à l'endroit où j'avais donné rendez-vous aux officiers prussiens. J'y arrivai à quatre heures de l'après-midi. Comme l'éveil était donné, au premier coup de trompette, les Prussiens parurent. Je montai dans la barque qui servait aux passages, et quelques instants après j'étais à Versailles.

M. de Bismarck fut très-étonné. Il m'envoya un de ses officiers me féliciter de ce que je m'étais tiré si vite, et avec si peu de danger, de mon voyage.

Les négociations seraient trop longues à vous raconter. Ce qui est certain, c'est que le gouvernement prussien était alors assez enclin à traiter, et je suis convaincu qu'on aurait pu en obtenir des

2.

conditions moins malheureuses que celles qu'il nous a imposées plus tard. Il était assez disposé à nous concéder des vivres, mais moins que nous n'en demandions. Je m'étais assuré à peu près de la quantité que Paris en possédait encore. Mais il y avait un point sur lequel le gouvernement français ne pouvait avoir de renseignements précis, c'était l'importance des approvisionnements qui existaient dans les familles, et qui formaient une masse assez considérable.

Je demandai des vivres à peu près pour un mois. M. de Bismarck me répondit : « Vous me faites une demande un peu exagérée ; on en est à la demi-ration dans Paris, et vous me demandez un mois à ration entière.

« Enfin, me dit-il, je suis prêt à accorder cela ; le roi y consentirait ; mais les militaires considèrent l'armistice comme désavantageux pour nous. » Il ajouta : « Vous demandez plus que vous ne comptez obtenir, et, sans doute, vous ne m'avez pas dit votre dernier mot. » Je lui répondis : « Non, ce n'est pas mon dernier mot, quant aux quantités. — Eh bien ! me répliqua le ministre prussien, préparez une rédaction pour que nous puissions discuter sur quelque chose de précis. » Je fis la rédaction et la présentai au ministre prussien. Le comte de Bismarck est un homme très-supérieur, mais il dissimule rarement, et je suis persuadé qu'à ce moment-là il était sincère. Quand la rédaction fut prête, je la montrai à M. de Bismarck. C'était

ici, à Versailles, dans la rue de Provence, où il ha-
bitait, que se passait cette négociation. Il ne con-
testa sérieusement que les quantités de vivres de-
mandées, et en me laissant voir que sur ce point
on pouvait s'entendre.

Je le revis le lendemain, très-agité. Il m'aborda
par ces mots : « Avez-vous des nouvelles de Paris? »
Les communications étaient très-difficiles : on tirait à outrance aux avant-postes, et d'ailleurs on
ne permettait à personne de passer; nous ne savions rien du tout. « Il y a eu, me dit M. de Bismarck, une révolution à Paris. — Oh! répondis-je,
ce n'est pas possible, il peut y avoir eu un mouvement; mais la garde nationale l'aura certainement
comprimé. — Cet incident, me dit M. de Bismarck,
est venu bien mal à propos, le roi n'espère plus
de conciliation; on assure que le gouvernement
de la Défense est renversé. — En ce cas, dis-
je, je n'ai plus de pouvoir, et il ne me reste plus
qu'à me retirer. Cependant, avant de prendre un
parti, il faut savoir ce qu'il en est. Je puis envoyer
l'un de mes secrétaires à Paris; vous le ferez accompagner par les officiers qui sont venus avec
moi. » Cette proposition fut acceptée; mon secré-
taire partit. Les officiers qui l'accompagnèrent n'é-
taient plus les mêmes : on en changeait tous les
jours. Mais c'étaient comme précédemment des
jeunes gens très-distingués, très-courtois. J'atten-
dis jusqu'à minuit. A minuit, mon envoyé revint.
Il apportait des journaux; il me raconta les évé-

nements qui avaient eu lieu le jour même où j'é-
tais sorti de Paris, c'est-à-dire le 31 octobre. On
avait réprimé le mouvement; le gouvernement était
resté le maître : mais la situation était entièrement
changée, et je compris que je ne pourrais plus obtenir les mêmes conditions.

Je demandai au comte de Bismarck ce qu'il en
pensait. « Ce que j'en pense, me dit-il, c'est que
le roi inclinait à l'armistice malgré les militaires,
espérant que ce serait là un moyen de calmer les
passions; mais maintenant ses dispositions sont
complétement changées. Il m'a dit : « Vous voyez,
« j'allais faire un sacrifice très-grand, j'allais con-
« céder trente jours de vivres, qui en réalité au-
« raient peut-être valu deux mois de subsistances
« aux assiégés, et ce sacrifice eût été inutile; la paix
« n'eût pas été plus facilement conclue dans deux
« mois qu'aujourd'hui. » Quand M. de Bismarck
me parlait de l'opinion des militaires, je savais bien
de qui il voulait parler : au fond, il s'agissait d'un
seul homme, à qui de grands services ont valu une
influence considérable et méritée.

Alors nous aboutîmes à cette idée que la paix
serait plus facile à conclure qu'un armistice. Nous
en débattîmes très-longuement les conditions pos-
sibles. Je proposai de retourner à Paris pour con-
férer avec le gouvernement de la paix elle-même.
Le comte me dit : « Il ne faut pas vous dissimuler
qu'il est bien dangereux pour vous de rentrer dans
Paris, au milieu de l'exaltation qui y règne. »

Et, en effet, on m'y accusait de venir conseiller au
gouvernement un acte d'une insigne faiblesse. Je
ne tins aucun compte de ces observations, et je résolus de rentrer dans Paris. Je convins avec certains membres du gouvernement de nous réunir
dans un petit poste ruiné au milieu du bois de
Boulogne; je m'y rendis. Là il devint évident pour
moi que la paix était impossible, et que la journée
du 31 octobre avait singulièrement aggravé la situation, parce qu'elle avait surexcité au delà de
toute expression cette classe d'exaltés que le siége
avait fait naître dans Paris. Ils avaient par le fait
pris le dessus; l'idée de la résistance irréfléchie, à
outrance, à partir de ce moment-là, s'était emparée
d'une grande partie de la population, et il devint
certain qu'on ne pourrait plus conclure la paix que
très-tard, et à des conditions terriblement oné-
reuses.

Quand je ressortis de Paris, je retournai à l'état-
major de Versailles, et je fis part à M. de Bismarck
de ce qui venait de se passer.

Il en eut beaucoup de regrets. « Que voulez-
vous, me dit-il, cette malheureuse journée du 31
octobre a tout perdu ! Ce siége, vous le verrez,
finira par des scènes terribles. » Je lui répondis
que je partais avec une profonde douleur. J'étais
en effet très-préoccupé de cette idée que Paris,
après s'être honorablement défendu, serait obligé
de se rendre à discrétion, si l'on ne profitait pas
d'une occasion comme celle qu'on venait de laisser

échapper, et qu'on aurait une peine infinie à faire déposer les armes à une population follement excitée.

Il y avait eu quelques jours de suspension d'armes. Il avait été convenu qu'on ne se battrait pas pendant que je négocierais à Versailles. Les hostilités furent reprises, et je fus reconduit à Orléans par des officiers prussiens. Il devenait très-difficile de franchir les avant-postes, parce qu'on se battait à quelques lieues d'Orléans. Le général allemand qui commandait là, M. de Thann, fut très-obligeant, et je parvins à traverser les lignes sans péril. J'arrivai à Tours, j'y trouvai tout le monde dans l'anxiété. J'étais chargé de dépêches pour le gouvernement de Tours. Elles étaient dans un très-bon esprit, et même un peu sévères.

Le gouvernement de Paris m'avait fortement engagé à rester à Tours, pour tâcher de donner aux membres de la délégation des conseils fondés sur la connaissance que j'avais acquise de la situation, en courant l'Europe et en passant plusieurs fois du camp français au camp prussien.

Je fis, pour ramener les esprits au sentiment de la vérité, des efforts assez grands pour me compromettre ; car on peut se rappeler que les derniers jours à Bordeaux furent très-difficiles, et M. Jules Simon lui-même se trouva un moment en péril.

Je disais aux représentants de l'armée et de la diplomatie qui se trouvaient à Tours : « Il faut conclure la paix. La résistance n'est plus possible; vous ne ferez rien qui vaille en vous obstinant. La position d'Orléans n'est pas tenable, vous serez tournés, ou emportés de vive force, et votre ligne sera coupée. » Malheureusement, ce que j'avais prévu pour le commencement de la guerre, je le prévoyais pour la fin, et j'ai le regret d'avoir eu raison deux fois.

Les quelques jours qui s'écoulèrent à Bordeaux, où l'on s'était retiré après l'abandon de Tours, furent des plus difficiles. M. Jules Simon fut envoyé de Paris à Bordeaux après l'armistice. Le sentiment que nous éprouvâmes tous, en apprenant qu'on avait eu le courage de mettre un terme à une situation qui ne pouvait finir que par un désastre, fut un sentiment d'admiration pour le dévouement civique de M. Jules Favre en cette cruelle circonstance.

Il avait eu, en effet, le courage de signer l'armistice, et de rester à Paris dans l'état où était cette ville. Les élections générales eurent lieu; vous en connaissez le résultat.

Quand je fus chargé des affaires, j'eus immédiatement cette double préoccupation : conclure la paix et soumettre Paris.

Je revins à Paris, et je me rendis au quartier général prussien, où siégeait M. de Bismarck. Il m'accueillit d'abord avec la bienveillance qu'il m'avait déjà montrée; mais bientôt nos rapports s'altérèrent sensiblement. Pendant les discussions relatives à la paix, il fut d'une violence qui ne lui était pas habituelle, et je dois avouer que, de mon côté, je ne me contins guère. Le dernier jour seulement, me voyant désolé de la signature que j'étais obligé de donner, il me prit la main en me disant : « Je comprends et j'honore votre chagrin : je suis ministre de Prusse, vous êtes ministre de France ; j'ai dû faire ce que j'ai fait. »

La nouvelle de la paix fut bien reçue par les gens tranquilles ; mais les autres étaient dans un état d'exaltation extraordinaire. On me prévint même que je serais enlevé, si je rentrais dans Paris. Je ne craignais pas cela. Il est vrai néanmoins qu'il n'y avait dans la ville que 18,000 hommes, et ce n'était pas assez pour contenir le nombre des furieux. On m'avait conseillé de sortir par la route de Versailles, afin d'éviter la gare d'Orléans, qui était fort menacée. Je répondis que je ne voulais pas chercher chez les Prussiens un refuge contre les Parisiens. J'arrivai à Paris tout simplement pour me rendre à la gare d'Orléans, où l'on avait, par ordre, réuni quelques gardes municipaux. Près de la Bastille stationnait une foule énorme qui poussait des cris de rage. J'avais suivi les boulevards extérieurs. J'arrivai sans accident à la gare d'Orléans. Il y avait là cinquante gardes municipaux décidés à faire leur devoir. Nous pûmes entendre près de nous les cris des furieux ; mais nous ne fîmes que les entendre ; nous partîmes.

J'arrivai à Bordeaux. Ce qui se passa alors fut très-pénible pour tout le monde. Je regardais la paix que nous venions de conclure comme la plus grande de nos douleurs, mais non comme la plus grande de nos difficultés ; tous les membres de l'Assemblée étaient convaincus qu'on ne pouvait pas faire autrement. Mais je me disais : que va-t-il arriver de Paris ?

Une chose avait été très-débattue entre le roi de Prusse, M. de Bismarck et moi : c'était l'entrée de l'armée prussienne dans Paris. Cette entrée était pour notre patriotisme un coup douloureux. Je disais à mes interlocuteurs : « Je ne puis consentir à une telle exigence. Réfléchissez-y bien ; si vous voulez entrer dans Paris, la population élèvera des barricades de toutes parts ; il vous faudra les enlever, et Dieu sait ce qui en arrivera. — Nous en viendrons à bout, répondait M. de Bismarck. — Ce ne sera pas aussi aisé que vous le croyez, lui répliquai-je ; mais il y aura combat, et Paris pourrait être dévasté. Pour nous, ce serait un malheur, mais pour vous une honte éternelle. »

Le dernier jour, alors que j'avais réussi, après des efforts inouïs, à conserver Belfort à la France, le roi me fit dire : « Si vous voulez abandonner Belfort, nous n'entrerons pas dans Paris. » Je répondis sans hésiter : « Non, non, plutôt que de perdre notre frontière, j'aime mieux toutes les humiliations qu'il vous plaira de nous infliger ;

entrez-y, si vous le voulez ; mais je garde Belfort. »

Je le répète : les Prussiens avaient grande appréhension de leur entrée dans Paris : mais ils étaient piqués d'honneur. Le roi de Prusse disait : « Je ne veux pas humilier les Parisiens, ce n'est pas mon intention : mais devant toute l'Europe on a prétendu que j'avais peur d'un coup de fusil ! et jamais je ne reculerai devant un danger. » Pour moi, je craignais en effet que ce coup de fusil ne fût tiré, et s'il l'eût été, quels flots de sang n'auraient pas coulé ! Il fut alors convenu que les Prussiens ne sortiraient pas des Champs-Élysées. Cette précaution me rassurait dans une certaine mesure. Ils ne devaient rester dans le Champ-de-Mars et aux Champs-Élysées que vingt-quatre ou quarante-huit heures, juste le temps de la ratification du traité. C'est pour cela que nous pressâmes tant la ratification ; nous savions que, cela fait, les Allemands sortiraient de la capitale.

Les Prussiens sont venus dans les Champs-Élysées ; mais ils y sont demeurés enfermés, et ils ne se sont pas montrés au delà de la place Louis XV. Cette entrée des Prussiens dans Paris a été une des causes principales de l'insurrection. Je ne dis pas que, sans cette circonstance, le mouvement ne se serait pas produit ; mais je soutiens que cette entrée des Prussiens lui a donné une impulsion extraordinaire.

Dès que la ratification arriva, les Prussiens sortirent de Paris, mécontents de cette apparition si courte, qui, aux yeux de l'Europe, ne prouvait qu'une chose, c'est que le roi Guillaume, qui est un brave soldat, ne craignait pas un coup de fusil. Mais, au fond, les vingt-quatre heures passées dans les Champs-Élysées ne leur avaient pas valu beaucoup de gloire, et nous avaient valu à nous beaucoup de mal.

Cependant, je le répète, cette circonstance a donné un grand élan au mouvement qui s'est produit dans Paris, dont la situation était la suivante : deux ou trois cent mille individus avaient passé plusieurs mois à ne rien faire, ou à porter un fusil dont ils ne se servaient pas beaucoup ; ils vivaient des secours de l'administration municipale de Paris, et ils trouvaient cette vie assez commode. Il y avait, à côté d'eux, les révolutionnaires, les imitateurs de 1793, qui se disaient qu'en 1848 ils avaient été trop doux, que cette fois il fallait qu'ils se comportassent autrement. Il y avait encore l'Internationale, qui jouait sa partie. Tout cela constituait une force formidable. D'autre part, les portes de Paris avaient été ouvertes, et tous les honnêtes gens qui, pendant le siége, s'étaient conduits d'une manière très-patriotique, étaient allés voir leurs familles et respirer un autre air. La partie de la garde nationale composée de braves citoyens qui contenaient le désordre avait disparu ; il ne restait plus que la mauvaise partie, les oisifs dont j'ai parlé. En outre, depuis la signature de l'armistice, quelques hommes de l'armée avaient fraternisé avec la mauvaise partie de la population ; il avait même fallu faire sortir un certain nombre de soldats.

Aussitôt après la signature de la paix, je vis que nous aurions une lutte terrible à soutenir contre ces gens de toute sorte accumulés dans Paris. Pendant qu'à Bordeaux nous nous occupions de faire voter le traité, le ministre de la guerre, le général Le Flô, reçut l'ordre d'acheminer des troupes sur la capitale. On m'écrivait tous les jours : « Il n'est pas possible, à la distance où vous êtes, de livrer bataille à cette foule furieuse ; l'Assemblée est trop loin à Bordeaux ; il faut la rapprocher de Paris. »

Je n'eus jamais l'idée de faire rentrer immédiatement l'Assemblée dans Paris. A ceux qui étaient d'avis de l'y ramener sur-le-champ, et ils étaient nombreux, je répondais : « Non, tant que Paris sera dans cet état, je ne proposerai pas à l'Assemblée d'y revenir, parce que je prévois des événements redoutables ; seulement, je lui donnerai le conseil de s'en rapprocher autant que possible. » Plus les symptômes d'une inévitable journée se révélaient à moi, par les correspondances que je recevais, plus j'étais convaincu qu'il fallait se transporter au milieu même des événements, et, en y exposant le gouvernement, ce qui était inévitable, se bien garder d'y exposer l'Assemblée.

On m'avait parlé de Fontainebleau comme d'une ville où l'Assemblée nationale pourrait siéger en sûreté. Je fis observer que nous serions séparés par quinze lieues, et, par toute l'épaisseur de Paris, de la position de Versailles, la seule vraiment militaire; que si les réserves chargées de garder l'Assemblée étaient obligées de partir de Fontainebleau pour se rendre au lieu du combat, la distance serait bien grande, et la position des plus mauvaises; qu'il fallait aller à Versailles même, et, de là, tacher de rester maîtres de Paris. Cet avis prévalut auprès de l'Assemblée, et nous vînmes en effet nous placer à Versailles.

C'est alors qu'eut lieu le premier acte de ce terrible drame du 18 mars, qui forme l'objet de votre enquête.

Je dis au général Le Flô que nous n'avions pas assez de troupes, et qu'il fallait réunir toutes celles dont nous pourrions disposer. La majeure partie de nos forces disponibles se composait de 15,000 hommes que nous avions fait venir de Bordeaux. Il y avait bien dans ce nombre quelques soldats qui avaient servi sur la Loire, mais qui étaient peu encouragés par les résultats de la campagne. Les marins étaient commandés par un brave officier, l'amiral Bruat. Cette troupe m'inspirait une véritable confiance. Le tout pouvait faire 15 ou 18 mille hommes. Bien que les transports fussent difficiles, je les fis diriger sur Paris, où, enfin, ils arrivèrent. Malheureusement, c'était à peu près tout ce dont nous pouvions disposer.

Quand nous fûmes entrés dans Paris, nous avions les deux divisions du général Vinoy, et les 15 ou 18,000 hommes dont je viens de parler, plus quelques détachements qui portaient le tout à une quarantaine de mille hommes. Mais à ce moment arriva l'époque de la libération, et cette coïncidence nous priva d'une partie considérable de notre effectif ; car si on les avait gardés après l'expiration de leur temps de service, on n'aurait eu dans les rangs que des mécontents. En définitive, au 18 mars, nous pouvions à peine disposer de 24 ou 25,000 combattants.

Les soldats du général Vinoy étaient fatigués et malheureux. Ils avaient cependant à leur tête un homme de sang-froid, de vigueur, qui les tenait bien, et qui faisait du mieux qu'il pouvait. Il avait une réelle influence sur ses troupes. En somme, nous avions, je le répète, 24 ou 25,000 hommes disponibles.

Paris est grand, vous le savez. Pour agir sur un point quelconque, il fallait diriger sur ce point au moins 12 ou 15,000 hommes ; il fallait en outre garder les bords de la Seine et une quantité de postes. Mon intention était d'attendre que nos forces fussent plus considérables ; mais où prendre des troupes ? Telle était la difficulté. Nous avions laissé Bordeaux presque sans défense. Partout ailleurs, il y avait une véritable désorganisation.

Le lendemain de l'armistice de Paris, on s'était tiré
d'affaire comme on avait pu. L'armée qui avait
été envoyée vers l'Est, par suite d'une conception
malheureuse, avait été rejetée en Suisse ; il n'y
avait rien à prendre de ce côté. Nous ne savions où
trouver les 40 ou 50,000 hommes qui nous auraient
été nécessaires, car ce n'était qu'avec une force
pareille qu'on pouvait tenir d'une manière solide
dans Paris.

Nous étions, vous le voyez, dans une déplorable
situation.

J'ai passé alors de cruels moments. Combien de
temps faudrait-il attendre pour avoir une armée
véritable ? Et ne pas agir dans la situation où
étaient les esprits, avec les rumeurs et les bruits
qui circulaient dans Paris, c'était se montrer faibles et impuissants. Nous vivions dans des transes
continuelles, et nous ne pouvions pas venir à bout
des misérables qui dominaient Paris.

On nous disait : « Ces gens-là ne sont pas aussi
pervers que vous le supposez ; il y en a qui ne sont
touchés que d'une chose, c'est que la République
est en danger. Selon eux, l'Assemblée est monarchiste, et elle n'attend qu'une occasion pour renverser la République. C'est là ce qui les rend si
dangereux. » Beaucoup de ces insurgés, en effet,
croyaient tout ce qu'on leur disait du danger de la
République, sans être pour cela précisément des
communistes. Il y en a qui le sont devenus quelques semaines après par l'ardeur de la lutte ; mais

le plus grand nombre avait cette idée que la République était en péril.

Je disais à ceux qui m'étaient envoyés : « Je ne suis pas ce que vous appelez un républicain ; je suis un ancien monarchiste. Mais j'ai reçu la République en dépôt ; et je garderai fidèlement ce dépôt. Vous calomniez l'Assemblée, quand vous la croyez disposée à renverser la République ; il n'y a rien de semblable ; et, dans tous les cas, je vous assure que je n'y contribuerais point. » Les hommes qui s'adressaient à moi savaient que j'étais incapable de donner ma parole sans la tenir. J'avais donc un certain crédit auprès d'eux.

On me disait encore : « Il faudrait parlementer avec les plus modérés de ces hommes qui semblent prêts à s'insurger ; il y en a une partie que vous toucheriez, si vous les rassuriez sur le sort de la République. » A cela je répondais que j'étais prêt à les détromper si leurs craintes étaient sincères.

J'en vis une quantité que je ne connaissais pas. Ils me déclarèrent, après les explications que je leur donnai : « Eh bien ! on vous rendra les canons. — Oh ! leur disais-je, si on rend les canons, la paix sera bientôt rétablie. »

Il y avait 2,000 bouches à feu qui étaient en batterie sur les murailles de Paris. Ces canons n'étaient pas alors ce qu'il y avait de plus dangereux pour nous. Mais il était resté dans Paris à peu près 250 autres bouches à feu de campagne, et ce sont celles qu'on promettait de me rendre.

Plusieurs fois, on me les promit ainsi ; mais on ne me les donna point.

Voici ce qui se passa au sujet de ces canons, et c'est ici que mon récit se rattache à l'entrée des Prussiens dans Paris, entrée qui a été le prétexte principal du mouvement :

Il y avait eu abandon complet des rangs de la garde nationale par tous les gens d'ordre, qui ne se doutaient pas qu'ils livraient ainsi Paris à un mauvais destin, et qu'après les épreuves que Paris avait déjà souffertes, ils lui en préparaient de nouvelles. Le brave général d'Aurelle de Paladines, que je leur avais envoyé comme commandant en chef de la garde nationale, s'aperçut bientôt à l'état-major d'une chose singulière : c'est que les bataillons de service obéissaient à une autorité autre que la sienne. La police était occupée à tâcher de saisir le mystère de ce qui se passait ; mais elle ne parvint à savoir qu'une chose : c'est qu'une entente existait parmi certains bataillons de la garde nationale qui étaient justement les plus mauvais. Cette entente s'était établie au moyen d'un comité central, dont vous avez entendu parler, et c'est ce comité qui commandait. Le général d'Aurelle de Paladines n'était plus écouté ; la garde nationale n'existait plus que comme armée ennemie.

Voici comment l'entrée des Prussiens dans Paris avait contribué à ce résultat.

On avait dit à tous ces gens, qui sont devenus

si mauvais par l'ardeur de la lutte, mais qui n'é-
taient pas aussi mauvais à l'origine, on leur avait
dit : « Les Prussiens arrivent, ils vont saccager
Paris, il vont le mettre à feu et à sang ! » Les
Prussiens, Messieurs, n'avaient pas cette intention ; ils avaient cédé à un point d'honneur. On
leur avait reproché d'avoir peur des Parisiens ; et
c'est pourquoi ils avaient tenu à entrer dans leurs
murs. Mais ils étaient résolus à se conduire sa-
gement.

Dans ces circonstances on dit aux Parisiens :
« Le Gouvernement s'est trompé en faisant entrer
les troupes allemandes dans Paris, mais, quant à
nous, il faut nous défendre. » Alors, on leur fit
faire une chose qui, de la part de quelques-uns,
était une perfidie, et, de la part des autres, un acte
tout naturel. Il y avait au parc Monceaux beaucoup
d'artillerie ; « il faut la ramener à Paris, leur dit-
on, de peur que les Prussiens ne la prennent. » Ils
la ramenèrent, en effet, sur les hauteurs de la
butte Montmartre, et à partir de ce moment le
comité central commanda en maître.

L'opinion générale voulait absolument qu'on re-
prît les canons. On entra en pourparlers avec ceux
qui les avaient pris. Je ne connaissais pas les
hommes avec lesquels il s'agissait de traiter, et cependant on alla vers eux. Une première fois, ils
répondirent qu'il y avait eu méprise, malentendu,
et qu'ils étaient prêts à nous restituer cette artillerie de campagne. D'autres ne voulaient pas la

rendre. Il se passait là ce qui s'est passé plus tard pour le général Chanzy : il y en avait qui voulaient le fusiller, et d'autres qui voulaient le sauver. Je ne dis pas qu'il y eût mauvaise foi ; mais quand on se présentait en notre nòm pour reprendre les canons, on répondait à ceux que nous envoyions : *oui ;* puis, un instant après, on répondait : *non.*

Cependant, au même moment, beaucoup de personnes s'occupant de la question financière disaient qu'il fallait songer enfin à payer les Prussiens. Les gens d'affaires allaient répétant partout : « Vous ne ferez jamais d'opérations financières, si vous n'en finissez pas avec tous ces scélérats, si vous ne leur enlevez pas les canons. Il faut en finir, et alors on pourra traiter d'affaires. » L'idée qu'il fallait enlever les canons était en effet dominante, et il était difficile d'y résister.

Trois ou quatre fois, on renouvela cette comédie entre ceux qui détenaient les canons et ceux que nous envoyions pour les chercher. Une dernière fois, il y eut une telle apparence de bonne foi dans ceux qui faisaient des promesses de soumission, que je crus au succès. On se présenta de notre part à la place Royale ; on y arriva avec des attelages. Mais le parti violent qui, évidemment, l'avait emporté pendant la nuit, se comporta assez brutalement, et il dit à nos envoyés : « Que venez-vous faire ici ? » Il renvoya nos attelages et nos officiers.

Ce dernier incident avait eu une grande publi-

cité. On avait agi si ostensiblement, si arro-
gamment, que moi, qui hésitais à livrer le combat,
je sentis qu'il n'y avait plus moyen de reculer, et
qu'il fallait, à tout prix, essayer d'enlever cette
artillerie. Nous délibérâmes donc. Une grande agitation régnait dans Paris; il y avait l'agitation des
bons et l'agitation des méchants. Les premiers disaient : « On ne peut pas supporter un outrage
pareil! » Les seconds : « Il faut résister et conserver nos canons. »

Je demandai si l'on pouvait compter quelque
peu sur la garde nationale. Le général d'Aurelle
de Paladines répondit : « Quand nous appelons la
garde nationale, il n'arrive que les mauvais bataillons, lesquels n'obéissent pas. » Et, en effet, il
était déjà sorti de Paris 100,000 individus peut-
être, et c'étaient les meilleurs.

Cependant l'opinion était universellement pro-
noncée dans le sens d'une action immédiate.

On comprend qu'alors on pût déjà se dire que,
si on ne réussissait pas, il faudrait sortir de Paris,
mais qu'auparavant il fallait tenter le combat et
chercher à enlever les canons à tout prix. Nous
étions à l'un de ces jours où il faut tout risquer,
où il faut marcher en avant, coûte que coûte. Le
général Vinoy, que je consultai, me répondit :
« Nous avons bien peu de monde. Enlever les positions n'est pas impossible. Ordonnez, je suis
soldat et j'obéirai. » Nous délibérâmes en conseil.
J'avais le sentiment que c'était une résolution re-

doutable que nous prenions, et dont le succès était douteux. Mais, enfin, ne pas tenter quelque chose était impossible.

Je dis au général Vinoy : « Il ne faut pas faire cela en présence de tout Paris assemblé, mais de grand matin. Nous ferons sortir les troupes à trois heures, pour qu'à cinq heures elles soient au pied des hauteurs et qu'elles puissent les enlever avec vigueur, coûte que coûte, atteler ensuite les canons et les emmener. » Tout cela fut convenu ; le gouvernement passa la journée à Paris ; on préparait tout à Versailles pour y recevoir l'Assemblée. J'étais venu dans cette ville pour quelques heures, mais je revins immédiatement à Paris.

J'avais recommandé au général Vinoy de disposer ses mouvements avec la plus grande précision pour la sortie des casernes, afin que les troupes arrivassent de bonne heure au pied des hauteurs et les attaquassent sans hésiter. En effet, le général Faron, homme très-énergique, qui s'est admirablement conduit dans toutes ces circonstances, était chargé d'exécuter nos ordres. A trois heures, les troupes étaient sur pied, sortaient des casernes, et, à cinq heures, elles arrivaient au pied des hauteurs, qui furent enlevées avec une extrême promptitude. Malheureusement, il restait une opération très-difficile à exécuter, et qui ne fut pas aussi bien conduite que la première.

Un gouvernement qui se respecte doit partager les malheurs communs et ne s'en prendre à persoñne, lorsque le succès n'a pas toujours couronné ses efforts. Nous avons été malheureux dans la seconde opération qui consistait à emmener les canons. Je pourrais accuser celui-ci ou celui-là; je ne le ferai pas, bien qu'on ait souvent moins d'égards pour moi. Je ne dirai pas à quoi a tenu la faute commise, si toutefois il y a eu faute.

Les positions furent donc occupées; mais les mesures prises pour enlever les canons ne réussirent pas aussi bien que l'attaque. Je dois dire, car je veux être juste, que, quand même on aurait pris les meilleures dispositions pour emmener les canons, traverser Paris avec deux cent cinquante attelages, puisqu'il y avait deux cent cinquante bouches à feu à traîner, était une opération des plus difficiles et des plus chanceuses.

Quand les troupes furent établies sur les hauteurs, la foule, composée d'hommes, de femmes et d'enfants qui ne valaient pas beaucoup mieux que ceux qui les amenaient, la foule entoura les troupes, se jeta dans les rangs de l'artillerie, et bientôt ce fut un chaos sans pareil.

J'étais à l'état-major avec le général Vinoy, quand arriva un premier officier nous annonçant que tout allait bien. Mais, plus tard, d'autres officiers nous arrivèrent fort tristes, et nous sentîmes que la situation devenait embarrassante. C'est alors que je fus frappé d'un souvenir, le souvenir du 24 février. J'étais depuis fort longtemps fixé sur ce point, que, si nous n'étions pas en force dans Paris, il ne fallait pas y rester.

Au 24 février, le roi avait demandé, lorsque les choses avaient pris une mauvaise tournure, ce qu'il y avait à faire. Je lui répondis qu'il fallait sortir de Paris pour y rentrer avec le maréchal Bugeaud et 50,000 hommes.

Le parti que je proposais au roi fut discuté, mais point accepté. On rappela que les Bourbons, que les Bonaparte eux-mêmes étaient sortis de Paris et n'avaient jamais pu y rentrer ; et on en avait conclu qu'il ne fallait jamais en sortir.

Ce souvenir m'était resté dans la mémoire ; et, en outre, je me rappelais l'exemple du maréchal de Windischgraetz, qui, après être sorti de Vienne, y était rentré victorieusement quelque temps après. Je dis au général Vinoy : « Il est clair que nos troupes vont être submergées dans cette foule. Emmener les canons est impossible, les mouvements de l'armée étant aussi entravés qu'ils le sont. Tirons nos troupes du chaos où elles sont plongées, et faites-les revenir vers le ministère des affaires étrangères. » Le gouvernement était réuni en ce moment à l'hôtel de ce ministère. Beaucoup de personnes étaient accourues, et chacune donnait son avis. Je réunis mes collègues dans la salle du conseil, où nous pûmes délibérer seuls avec nous-mêmes. Là, je n'hésitai point, je me rappelais le 24 février, mon parti était pris ; je l'annonçai. Cette déclaration pro-

voqua de graves objections. Le 24 février, je
n'avais pas pu réussir ; mais, ce jour-là, je triom-
phai des objections, grâce au bon sens et au courage de mes collègues.

Le général Vinoy me dit : « Je suis soldat,
commandez ! — Faites, lui dis-je, retirer vos
troupes derrière la Seine, et occuper tous les
ponts. On ne passera pas la Seine devant vous. »
Il était midi, nous étions là depuis cinq heures
du matin ; le temps s'écoulait. Je réitérai au général Vinoy l'ordre de se replier avec ses troupes
derrière la Seine.

On envoya de tous côtés des officiers d'état-
major porter l'ordre, aussi bien aux troupes qu'à
la garde nationale, d'avoir à se réunir sur la rive
gauche de la Seine.

Si nous avions eu quelques milliers de gardes
nationaux avec nous, nous les eussions tenus à
nos côtés ou sur nos derrières, et nous aurions
pu livrer bataille ; mais, comme le disait le général Vinoy, avec 20,000 hommes seulement nous
ne le pouvions pas. « Nous ne pouvons qu'une
chose, ajoutait-il, c'est mourir jusqu'au dernier
pour défendre le gouvernement contre les fac-
tieux qui veulent le renverser. »

Deux opérations simultanées furent entreprises.
Le général Vinoy s'occupa de ramener les troupes
sur les bords de la Seine ; et à l'état-major de la
garde nationale on commença à battre la générale et à chercher de tous côtés des gardes na-

tionaux. Si les braves gens qui avaient passé quelques mois dans Paris assiégé par les Prussiens s'étaient trouvés là, si nous avions pu réunir 15 ou 20,000 gardes nationaux, nos troupes auraient pris la tête, et nous aurions pu livrer bataille avec chance de succès. Mais nous n'avions que 20,000 soldats, prêts, il est vrai, à faire leur devoir; mais si nous nous avancions sans avoir nos ailes et nos derrières couverts, nous pouvions être enveloppés.

La générale fut battue pendant plusieurs heures. Il nous arriva peut-être 5 ou 600 hommes. Les mauvais gardes nationaux étaient descendus des hauteurs de Paris : nous n'avions pas pu occuper tous les ponts; ils étaient venus dans les Champs-Élysées, ils défilaient sous nos yeux sur la rive gauche; même nous en vîmes défiler près du ministère des affaires étrangères. Ils ne tiraient pas encore de coups de fusil, mais ils étaient très-menaçants. On les laissa défiler.

Ce qui me préoccupait, c'était la retraite des troupes ; j'y attachais le salut de la France. Elles se replièrent en bon ordre, et ce fut alors seulement que je fus tiré d'une inquiétude mortelle et que je pus me dire : « Nous sommes sauvés! » J'avais vu arriver la division du général Faron faisant très-bonne contenance. Il y eut bien quelques détachements qui, troublés, montrèrent de la faiblesse ; mais, en général, les troupes se retirèrent en bon ordre.

Quand nous eûmes occupé les ponts sur la rive gauche de la Seine, nous trouvâmes un peu plus de repos. Des bandes de furieux avaient passé la gauche de la Seine ; ils voulaient aller au ministère des affaires étrangères, où se tenait le gouvernement ; on les refoula, et nous nous trouvâmes assez bien concentrés en avant des ponts.

Nous délibérâmes de nouveau. Il était tard ; je vis encore plus clairement que nous ne pouvions pas rester impunément dans Paris, et qu'il fallait en sortir. Après une discussion approfondie, je pris sur moi de décider la question, et je donnai l'ordre au général Vinoy de sortir de Paris avec ses troupes. Le gouvernement se dirigea alors sur Versailles. Quant à moi, je précédai le général Vinoy de quelques instants ; je vins me placer sur la route de Sèvres, par où l'armée devait passer. L'attitude des troupes était bonne. Cependant j'éprouvais quelque inquiétude pour le reste de l'armée. Enfin, par les aides de camp qui m'arrivaient à tout moment, je sus que les troupes n'avaient essuyé aucun échec sérieux. Je partis pour Versailles.

Versailles a toujours été un camp de plaisir, et l'on ne s'attendait pas à y voir arriver une armée. Aussi rien n'était prêt. Il fallut aller chercher des ressources dans tout le voisinage ; on y parvint, et l'armée eut de quoi se refaire. Pour le soldat, l'essentiel est d'avoir des cartouches, des vivres, et des généraux qui ne se troublent pas.

Les événements que je viens de rappeler avaient eu lieu le 18 mars. Le lendemain, vers six heures du matin, j'aperçus la queue des colonnes qui arrivait, sans avoir essuyé aucun accident fâcheux. Il ne faut pas se plaindre de l'armée.

Des détachements isolés avaient faibli ; mais la vigueur des généraux avait su maintenir le gros des soldats. Je vis donc les troupes arriver ; cela me rassura, car j'étais convaincu qu'une fois à Versailles on ne viendrait pas nous y chercher. J'avais, du reste, recommandé au général Vinoy de faire usage de la mitraille si on le serrait de trop près.

Quant aux insurgés qui étaient restés dans Paris, leur opinion fut qu'ils étaient désormais les maîtres, qu'ils n'avaient qu'à se présenter à Versailles, que l'armée lèverait la crosse en l'air et irait au-devant d'eux. Je n'avais pas d'inquiétude à cet égard. Je savais que, quand j'aurais réuni l'armée à Versailles, tout serait sauvé. Cependant ce n'était pas l'opinion de beaucoup de gens qui disaient :

« Si l'armée vient à être abordée sérieusement, que fera-t-elle ? »

Il régnait donc une certaine crainte.

Je commençai par donner mes soins aux soldats ; je m'occupai de les faire placer dans de bonnes positions, de leur procurer tout ce dont ils avaient besoin, et surtout de les bien concentrer. Plusieurs personnes avaient émis l'avis qu'il fallait en laisser autour de Paris.

Nous étions trop peu nombreux pour occuper le périmètre d'une ville aussi grande. Si · nous avions voulu nous étendre, embrasser un espace que les Prussiens n'embrassaient pas eux-mêmes, nous aurions été faibles partout ; on aurait pu percer notre ligne sur tous les points.

En général, quand les troupes faiblissent devant les masses populaires, il y. a chez elles plus de faiblesse que d'infidélité. Des troupes qui n'ont pas le sentiment de leur supériorité sont prêtes à mettre la crosse en l'air, plutôt par timidité que par esprit de trahison.

Il fallait donc tenir nos troupes ensemble, de manière que, quelque part qu'elles fussent abordées, elles eussent l'avantage. C'est pourquoi j'ai voulu que leurs positions fussent resserrées. Et, de fait, avec les 130,000 hommes que nous avons eus plus tard, c'est à peine si nous aurions pu embrasser la moitié de Paris. Les Prussiens avaient employé 300,000 hommes à envelopper le tout. Au moment dont je viens de parler, nous ne comptions que 22,000 hommes.

Je fis occuper le Mont-Valérien. On y envoya un excellent régiment. Il y avait là un immense matériel, et, de plus, une position dominante qui commande tous les environs. Quant aux autres forts, nous nous serions affaiblis si nous avions voulu les garder, car il nous aurait fallu au moins

8,000 hommes pour les occuper. Nous aurions perdu là, sans profit, une partie notable de nos forces. Je ne gardai donc que le Mont-Valérien, et je ramenai tout le reste.

J'eus ainsi 22,000 hommes bien liés et bien commandés.

Nous passâmes à Versailles quinze jours sans rien faire. Ce sont les plus mauvais jours de ma vie. Il y avait cette opinion répandue dans Paris :

« Versailles est fini ; dès que nous nous présenterons, les soldats lèveront la crosse en l'air. »

J'étais bien certain que non ; et cependant, si nous avions été attaqués par 70 ou 80,000 hommes, je n'aurais pas voulu répondre de la solidité de l'armée, ébranlée surtout par le sentiment d'une trop grande infériorité numérique. Aussi, fis-je donner l'ordre de serrer l'armée et notamment de l'isoler.

Nos principales forces étaient campées à Satory, avec injonction de ne laisser aborder qui que ce fût.

L'instruction était donnée de fusiller quiconque tenterait d'approcher. Du côté de Neuilly, je fis prescrire au Mont-Valérien, qui était entre les mains de braves gens, de tirer à outrance dès qu'il se présenterait des masses ennemies.

En même temps, je recommandai de la manière la plus formelle de traiter très-bien nos soldats. J'augmentai la ration, surtout celle de la viande, reconnue insuffisante. J'étais sûr qu'en les nourrissant bien, qu'en les faisant camper, qu'en forçant les officiers à camper avec elles, les troupes se referaient bien vite, et arriveraient à avoir une très-bonne attitude.

A la suite du premier siége, les soldats étaient débraillés, mal vêtus, leur aspect était fâcheux. J'étais certain que ce désordre passerait bientôt avec le campement, avec une surveillance active et bien soutenue. Mon espérance ne fut point trompée, car en quelques jours l'armée changea d'aspect, et tout le monde en fut frappé.

Ce n'était pas tout que de réconforter l'armée sauvée de Paris, il fallait la porter à 120 ou 130,000 hommes, et surtout la munir d'un immense matériel de siége. Il y a une manière d'ordonner que j'ai employée souvent, et qui m'a toujours réussi, c'est de ne pas s'en fier à la correspondance et de commander directement et de vive voix.

Chaque matin je réunissais tous les chefs de service autour de moi, j'arrêtais en présence de tous les chefs ce qu'il fallait faire, et chacun avait ainsi sa tâche bien tracée. Il fallait de la grosse artillerie, on disait sur-le-champ où elle était, on s'occupait des transports devenus très-difficiles. S'il y avait une difficulté, on cherchait à la lever instantanément.

Grâce à cette manière de procéder, j'ai pu, en réunissant tous les services, en ne recourant pas aux correspondances qui prennent un temps infini

en demandes et réponses, en exigeant que les ordres fussent transmis immédiatement, en m'assurant que tout le monde était d'accord, avait bien
entendu, bien compris, exécuterait l'après-midi ce
qui avait été convenu le matin, en m'assurant moi-
même que les ordres s'accomplissaient : j'ai pu,
dis-je, arriver au but, et créer en quelques semaines une armée de 130,000 hommes. Je recommen-
çais le lendemain matin ce que j'avais fait la veille ;
je ne donnais jamais un ordre sans être certain
de son exécution, et je suivais cette exécution jusqu'à ce que tout fût consommé.

C'est ainsi, messieurs, que des hommes m'arrivèrent de toutes parts et que nous atteignîmes en
peu de jours le chiffre de 50,000 hommes. Alors
je fus, non pas rassuré sur la possibilité d'emporter Paris, mais sur le danger d'être assailli à Versailles par une masse de forcenés. « Qu'ils viennent,
me dis-je alors, et ils seront bien accueillis ! »

L'opinion générale était qu'il ne fallait pas perdre de temps ; mais on comprenait aussi qu'il y
aurait danger à faire une tentative prématurée,
car si un malheur était arrivé sous les murs de
Paris, il eût été impossible de compter sur rien.

L'Assemblée nationale crut qu'il fallait deman-
der des volontaires ; tout le monde était de cet avis.
Je reconnus bientôt que le pays était tellement
abattu par les désastres de toute nature qui avaient
fondu sur lui, qu'il ne fallait pas compter sur une
ressource semblable. Les mobiles ne valaient pas

grand'chose, ils étaient découragés ; une fois la paix signée, ils étaient rentrés chez eux. Il ne vint pas un seul bataillon de volontaires. Mais il restait les débris de nos armées ; je me hâtai de les réunir, de les réorganiser, et c'est avec ces débris que je composai l'armée qui est parvenue à arracher Paris à la révolte. Dès que je fus parvenu à réunir 50,000 hommes je me dis que le moment était venu de donner une leçon aux insurgés. Ils étaient sortis du côté des forts du Sud, ils s'avançaient du côté de Chatillon, de Vanves.

Je me préparai à les bien recevoir. Ils se montrèrent plus téméraires du côté de Neuilly et de Courbevoie. On dit même qu'ils se préparaient à une attaque sérieuse. Je n'en étais pas effrayé. Je voulais leur prouver que nous n'avions pas peur ; je voulais surtout bien engager l'armée. Les officiers placés au Mont-Valérien, et munis des instruments qui leur permettaient de bien voir les mouvements des insurgés, nous rendirent d'immenses services. Le maréchal Mac-Mahon n'était pas encore à la tête de l'armée.

D'après les observations du Mont-Valérien, le mouvement se dessinait évidemment vers le pont de Courbevoie. Je fis diriger de ce côté une grande partie de l'armée. Je dis au général Vinoy : « On nous attaque faiblement du côté de Meudon, de Châtillon, des forts du Sud ; il faut être en grande force du côté de Courbevoie, où le mouvement de l'ennemi est plus prononcé. »

Les troupes vinrent, en effet, se placer sur les coteaux qui sont au pied du Mont-Valérien, et qui dominent les plaines de Saint-Germain et de Saint-Denis. On fondit sur eux à outrance, on en sabra un bon nombre. Flourens fut tué ce jour-là. Chacun avait pris confiance, il y eut un entrain extraordinaire. Nous n'avions pas mis en ligne 50,000 hommes, mais seulement 30,000 ; les autres étaient restés à Versailles et vers les forts du Sud.

Une tentative était possible sur le pont de Sèvres : quelques mille hommes le couvrirent, refoulèrent les insurgés qui étaient là, et les rejetèrent de l'autre côté du pont.

J'étais renseigné, je savais qu'on disait que nous ne prendrions jamais Paris ; mais, en même temps, on avouait que les gens que nous combattions ne prendraient jamais Versailles ; de sorte qu'il y avait deux corps ennemis en présence qui étaient, pour ainsi dire, impénétrables l'un pour l'autre.

Cependant, peu à peu, la situation s'améliorait visiblement. Je veillai aux vêtements, car je savais que le soldat bien vêtu se comporte mieux. Je passai mes journées dans les bivouacs, je m'occupai de tout ; les soldats étaient contents. L'armée avait un aspect excellent.

Pourtant je m'abstenais encore d'agir contre Paris, malgré beaucoup de plaintes qui retentissaient de toutes parts. On me disait : « Il faut en finir ! » Je répondais : « Je ne ferai une tentative sur une place aussi forte que Paris que lorsque j'aurai tous les moyens nécessaires pour réussir. »

On me disait aussi, et il y avait du vrai dans cette objection : « Mais, pendant que vous vous organisez, les insurgés s'organisent aussi. » Je répondais : « Oui, mais ils se rendent odieux à la population par les moyens qu'ils emploient, tandis que nous, en nous préparant, nous répondons au vœu du pays ; nous gagnerons plus qu'ils ne gagnent ; ils finiront par des actes qui soulèveront l'indignation générale. Dans tous les cas, la place de Paris est tellement formidable qu'il ne serait pas raisonnable de l'attaquer avec 50,000 hommes. » J'étais convaincu que c'était par la puissance des feux que nous triompherions, et nous étions loin alors d'avoir une artillerie suffisante.

L'Assemblée a bien voulu me laisser faire. Je dis à la commission des Quinze mes raisons d'attendre et de temporiser jusqu'à ce que le moment fût propice, et elle finit par m'approuver.

Alors, il faut le rappeler, les Prussiens étaient de très-mauvaise humeur. Il n'est pas vrai, comme on l'a prétendu, que j'eusse beaucoup de difficultés avec le gouvernement prussien à propos de la Commune, et qu'il eût pour elle la moindre prédilection. Il y eut seulement quelques dépêches désagréables échangées à ce sujet avec M. de Bismarck.

La Commune, qui joignait à la prétention d'un patriotisme implacable celle d'être en faveur auprès de la Prusse, avait répandu le bruit de ses relations amicales avec les généraux prussiens. Des écrivains imprudents en avaient tiré des suppositions offensantes pour le cabinet de Berlin, et tout à fait calomnieuses.

M. de Bismarck, avec beaucoup de raison, démentait ces bruits, se plaignait de ce que nous ne les démentions pas nous-mêmes, en quoi il avait tort, et offrit publiquement ses secours contre la Commune, secours qu'évidemment nous ne pouvions point accepter. Il nous pressait lui-même d'en finir, et à cet égard joignait ses impatiences à celles d'un certain nombre de députés qui auraient voulu substituer leurs idées aux nôtres, sans connaître la situation et ses difficultés.

Cependant, malgré ces démêlés, malgré le traité qui limitait à 40,000 hommes l'armée de Paris, M. de Bismarck consentit à une augmentation, qui fut d'abord de 100,000 hommes, puis de 130,000.

Il nous en fournit lui-même les moyens en nous renvoyant un nombre assez considérable de nos prisonniers, dont il avait suspendu le retour par suite des contestations survenues.

Les troupes que nous avions étaient très-jeunes, elles n'avaient pas beaucoup vu le feu. Il y avait près de la frontière beaucoup de nos soldats faits prisonniers à Metz ; ceux-là avaient pu voir 47,000 hommes abattus en un seul jour à Gravelotte.

Je demandai qu'on me les rendît le plus tôt possible. M. de Bismarck y consentit. Le général Ducrot à Cherbourg, le général Clinchant à Douai reçurent les prisonniers et s'occupèrent de les réorganiser.

Je ne saurais dire exactement le nombre des soldats qui nous furent ainsi rendus ; les papiers de l'administration de la guerre étaient les uns à Paris, les autres à Bordeaux, quelques-uns avaient été perdus. Les prisonniers arrivèrent au nombre de 50 à 60,000 hommes, mais la moitié était libérable ; il fallait leur donner leur congé, car ils eussent été des mécontents et non des combattants dévoués comme il nous en fallait. Beaucoup étaient fatigués. Tous les soins furent donnés à leur rétablissement. Nous avons pu avoir ainsi la moitié de ces prisonniers à verser dans l'armée. Les dépôts s'étaient aussi remplis de recrues que la loi nous autorisait à y rappeler.

C'est ainsi que nous parvînmes à créer une armée de 130,000 hommes bien organisés, et pouvant être mis en ligne. Nous avons eu jusqu'à 170,000 rationnaires. Mais, dans une armée, tout ce qui mange ne combat pas. Il y avait le train, les malades, les blessés. Ces derniers étaient peu nombreux.

Après la tentative manquée du côté de Courbevoie, les insurgés nous attaquèrent du côté de Châtillon. Le général de Cissey enleva cette redoute avec la plus grande vigueur. Nous eûmes alors deux routes ouvertes : Châtillon et Courbevoie.

Je ne m'étais pas borné à compléter l'armée ; j'avais appelé à sa tête les chefs les plus renommés, et notamment l'illustre maréchal Mac-Mahon, digne et constant objet du respect universel.

Sa présence avait donné à l'armée une nouvelle consistance, et une direction excellente. Tout étant prêt, le moment d'agir était venu. Mais comment attaquer Paris? On disait :

« Il faut employer les moyens réguliers, ouvrir la tranchée, cheminer, pour battre en brèche quand on sera au bord du fossé. »

Les règles de Vauban subsistent en effet tout entières, sauf très-peu de modifications. Leur application aux ouvrages immenses de Paris offrait de graves difficultés. On estimait à trente jours au moins le temps nécessaire pour être au pied des murailles et pouvoir établir des batteries de brèche.

Les impatients, et ils étaient nombreux, disaient : « Trente jours ! »

M. de Bismarck pensait que nous aurions du bonheur si nous arrivions à ce résultat en trente jours.

Dans l'Assemblée, on disait : « Que fait-on? Pourquoi employer les moyens ordinaires, les tranchées, les cheminements? Comment se condamner à trente jours de travaux? Pourquoi pas une attaque à force ouverte? » A cela les généraux répondaient : « Comment escalader de telles murailles, monter à l'assaut avec des escarpes de dix à douze mètres? »

Une idée me préoccupait depuis longtemps pour

le sort des ouvrages de Paris, et m'avait fort in-
quiété pendant le premier siége, celui que dirigeaient les Prussiens.

Comme membre du Conseil de défense, où j'é-
tais entré malgré moi un peu avant le 4 septembre,
j'avais eu occasion, quelques jours avant Sedan,
de visiter les forts qui entourent Paris, et je m'é-
tais dit que si l'ennemi dirigeait sur un de ces
forts une masse considérable de feux, l'ouvrage
ainsi attaqué pourrait se trouver en grand péril.

J'étais persuadé que par la puissance des feux
on pourrait amener des résultats imprévus et déci-
sifs. Les généraux étaient à cet égard d'opinion
très-différente. Quelques-uns prouvaient qu'en ac-
cumulant sur un seul point une masse de feux considérable, on pourrait produire des effets très-
prompts et très-grands. D'autres prouvaient que le
plus sûr était de suivre les règles, d'ouvrir la tranchée, de cheminer jusqu'au bord du fossé et là de
battre en brèche, et de donner de suite l'assaut,
promettant d'emporter la brèche, quelle que fût
l'énergie de la défense.

Après avoir écouté avec la déférence qui leur
était due les hommes consommés qui m'entou-
raient, je pris le parti d'employer les deux moyens
à la fois : d'ouvrir la tranchée en s'avançant par
les procédés ordinaires jusqu'au bord du fossé,
mais en même temps de réunir une masse de feu
extraordinaire, convaincu que sous la protection
de ces feux, le travail des tranchées serait plus

rapide, et que peut-être, en rendant le rempart inhabitable pour ses défenseurs, on ferait évacuer les ouvrages.

Cet avis fut unanimement adopté et suivi.

On tomba ainsi d'accord qu'on réunirait une masse d'artillerie très-grande, et qu'on s'en servirait au moins pour hâter et rendre moins périlleux le travail des tranchées. On pensa qu'on pourrait ainsi arriver en quinze ou vingt jours à forcer les portes de Paris.

Réunir ces moyens d'action était une affaire d'administration ; je m'en chargeai. Les transports commerciaux sur les chemins de fer furent suspendus, et on amena ici des masses prodigieuses de pièces de canon. L'administration des chemins de fer et la marine nous ont rendu en cette occasion des services signalés. Le résultat a été vraiment extraordinaire.

Dans le Conseil de défense, lors du premier siége, on trouvait que 250 coups par pièce était un approvisionnement suffisant. 500 coups semblaient une exagération, et 750 une folie. J'en vins à réunir des approvisionnements de 1,000 coups par pièce. On disait : « Les pièces ne résisteront pas ! — Nous aurons des approvisionnements de canons, » répondais-je. Bref, après des efforts prodigieux et des peines infinies, nous fûmes approvisionnés dans les proportions que je viens d'indiquer.

Nous fîmes un essai sur un point. Le fort d'Issy

nous incommodait. Le général d'artillerie de Berckheim, homme du plus grand mérite, placé sous les ordres du général de Cissey, dirigea sur le fort d'Issy les feux d'une artillerie considérable.

Le fort fut réduit au silence, et rendu presque inhabitable pour ses défenseurs. Cependant, soutenu par le fort de Vanves, et des troupes fraîches y étant entrées, il essaya de recommencer la lutte; mais il fut écrasé par notre artillerie; et un jour, à l'abri de nos feux terribles, les cheminements étant devenus plus faciles, nos travailleurs approchant des fossés s'aperçurent que le fort était évacué. Le fort de Vanves fut conquis de même.

Quand Issy et Vanves eurent été pris de la sorte, les idées se fixèrent. Il devint clair qu'en élevant contre le Point-du-Jour une batterie formidable, on atteindrait les mêmes effets, surtout les feux d'Issy et de Vanves, feux de flanc fort incommodes, étant définitivement éteints.

Je fis élever à Montretout, en huit jours, une batterie comme on en a rarement employé à la guerre. Sous la protection de cette batterie, le général Douai était entré dans le bois de Boulogne; le travail des tranchées était devenu plus facile; on cheminait très-rapidement vers Paris; nous étions près de la place. L'artillerie de Montretout avait brisé, pilé le Point-du-Jour.

Nous espérions que l'escarpe allait être en assez mauvais état pour nous permettre de donner l'assaut, lorsque, le dimanche 21 mai, le général

Douai et quelques soldats de tranchée aperçurent un homme agitant un mouchoir blanc; c'était Ducatel. On ne se doutait pas de l'effet qu'avait produit cette artillerie de Montretout, on ne croyait pas la brèche si praticable. La porte et le pont-levis s'étaient abattus et formaient une espèce de pont naturel. Ducatel, au milieu de graves dangers, était venu en aide à nos troupes en appelant nos soldats, en leur apprenant qu'ils pouvaient entrer.

Le maréchal Mac-Mahon et moi, nous étions au Mont-Valérien, lorsqu'une estafette vint nous apprendre que le général Douai entrait dans Paris.

Le général de Cissey, placé sur la rive gauche en avant d'Issy, avait, de son côté, ouvert une brèche qui allait bientôt devenir praticable.

Au milieu de notre satisfaction, nous fûmes, au Mont-Valérien, très-agités, parce que nous crûmes voir des troupes sortant de Paris, et nous craignîmes que notre armée n'eût été repoussée au Point-du-Jour. Mais le contre-amiral Krantz, qui a rendu de grands services, nous dit, après avoir bien examiné à la lunette : « Ce ne sont point des gens qui fuient; au contraire, ils sortent bien tranquillement. »

En effet, bientôt après, nous en vîmes d'autres qui rentraient au lieu de sortir. Nous fûmes alors rassurés.

C'étaient d'épaisses colonnes, de loin paraissant toutes noires, qui serpentaient dans les plis du

terrain et qui se dirigeaient sur l'enceinte pour y
pénétrer. Les insurgés ne purent pas résister ; ils
se réfugièrent dans les maisons voisines, d'où ils
dirigèrent sur nos troupes un feu meurtrier. Mais,
dans leur fuite, ils avaient laissé deux bouches à
feu ; nos soldats, n'ayant pu faire passer de l'artillerie, songèrent à aller chercher à bras des obus:
ils les transportèrent de la sorte et chargèrent ces
deux pièces, qui furent pointées sur les maisons
occupées par les insurgés. C'étaient les allées et
venues de ces soldats qui nous avaient d'abord in-
quiétés à notre observatoire du Mont-Valérien.

Le général Douai entra à la tête de ses troupes
par une seule porte, celle qui venait de s'ouvrir,
vers la gauche. Une autre ne fut ouverte que le
lendemain matin. Il fallut dix-sept heures pour
faire entrer 130,000 hommes et notre nombreuse
artillerie.

On disait que tout Paris était miné. Le général
Douai, à la tête de ses colonnes, s'avança intrépi-
dement jusqu'au Trocadéro, au risque de sauter
en l'air. Nous étions fort inquiets ; heureusement,
rien ne sauta. Nous nous rassurâmes ; mais nous
nous attendions à avoir des combats terribles, désespérés. Le triomphe de nos troupes fut dû à leur
vaillance, à la vigueur de nos généraux, et surtout
à la constance, à l'habileté avec laquelle l'illustre maréchal Mac-Mahon dirigea pendant huit
jours la conquête de chaque quartier l'un après
l'autre.

Rentré à Versailles, après avoir assisté à l'entrée de nos troupes dans la nuit du dimanche au lundi, je songeai que nous avions accumulé plus de 200 bouches à feu au pont de Neuilly, qui était gardé par une brigade de la division Montaudon.

Le général Ladmirault avait fait dire au maréchal Mac-Mahon qu'il avait besoin de cette brigade : elle lui fut envoyée, et il ne restait plus de troupes au pont de Neuilly pour garder l'immense matériel qui s'y trouvait. Je fus inquiet, à la pensée que si les révoltés s'échappaient de Paris, ils pouvaient s'emparer de cette artillerie et se jeter peut-être en désespérés sur Versailles pour y mettre le feu, et à ce moment nous n'avions que des gendarmes, des sergents de ville, c'est-à-dire deux ou trois mille hommes, tout au plus.

Heureusement il venait de nous arriver 1,500 prisonniers, rendus par les Prussiens. On leur donna des fusils, et, sous les ordres du général Fournez, ils allèrent garder le pont de Neuilly. Le général Ladmirault put alors se servir de la seconde brigade Montaudon, s'empara des hauteurs de Belleville et termina ainsi la lutte.

Il y eut de grandes douleurs, de grands sacrifices ; le massacre des otages fut un des crimes les plus navrants de ces terribles scènes. On nous avait proposé l'échange de plusieurs des otages contre le conspirateur Blanqui. Nous ne pouvions pas consentir à un tel échange ; ces malheureuses victimes tombèrent sous les coups des assassins.

Enfin , nous sortimes de cette horrible situation.

Voilà, Messieurs, tout ce que je puis vous dire, — et j'ose affirmer que c'est la vérité même.

Et maintenant je résume ce récit.

Paris avait été abandonné par les gens d'ordre ; il n'y restait que les mauvais bataillons, qui faisaient un service de garde nationale, et ces bataillons se composaient, pour la plupart, d'hommes qui croyaient que nous voulions détruire la République.

Quand il leur avait été démontré que nous ne voulions rien de semblable, leur effectif avait un peu diminué, mais en restant encore très-considérable. De toutes les grandes villes de France, des députés m'avaient été envoyés. Je les avais rassurés sur le sort de la République. Lyon, Toulouse, Bordeaux, Nantes, Lille, etc., toutes ces grandes villes s'étaient alors tenues tranquilles.

C'est donc par le canon et par la politique que nous avions pris Paris. L'origine du mouvement est facile, du reste, à discerner. Il y avait dans Paris 200,000 hommes, qui s'étaient nourris du sentiment que c'était lâcheté et trahison que de traiter avec les Prussiens. Les uns le pensaient, les autres se servaient de ce prétexte pour amener une révolution sociale. Ils avaient des moyens immenses que jamais aucune rébellion n'a possédés : 400,000 fusils, 3,000 bouches à feu et les immenses ouvrages de Paris.

Il s'était formé, de plus, un gouvernement occulte qui, profitant de l'émotion causée par l'apparition des Prussiens dans Paris, avait donné le
signal du soulèvement en s'emparant de l'artillerie
de campagne laissée dans le parc de Monceaux.

Pendant ce temps, nous étions à Bordeaux, et
nous avions, aux yeux des Parisiens, l'air d'un
gouvernement étranger. Ce sont toutes ces circonstances réunies qui avaient amené l'insurrection,
insurrection extraordinaire, sans égale, dont nous
avons triomphé par les moyens que je viens de
vous exposer.

Maintenant, nous avons la force matérielle.
Quand on a la force matérielle, il faut suivre une
politique de modération, je ne veux pas dire de
faiblesse, Dieu m'en garde! Mais quand on est
fort, il est permis d'être modéré; et on ne recueille
même les fruits de sa modération qu'autant qu'on
s'appuie sur une force incontestable et incontestée.

On s'est beaucoup plaint de ce que la procédure
des conseils de guerre au sujet des affaires de
Paris avait été volontairement retardée. C'est une
erreur. On ne se figure pas combien ces procédures
comportent de lenteurs inévitables.

Nous avons fait environ trente à trente-six
mille prisonniers, sans compter les morts et les
blessés. Eh bien! on ne pouvait pas faire de
procès à trente-six mille accusés. Il fallait choisir
les principaux coupables, et il n'y a pas un de ces

hommes qui n'ait exigé l'audition de quelques centaines de témoins. Il a fallu que les officiers des conseils de guerre remplissent le rôle de juges d'instruction. Pour les aider, nous avons été obligés d'appeler des magistrats civils, et de doubler ainsi le nombre des magistrats militaires par un nombre égal de magistrats civils. Il y a certainement quelques centaines de personnes employées à ces procédures.

Songez de plus que, depuis notre entrée dans Paris jusqu'à l'ouverture des conseils de guerre, il ne s'est pas écoulé plus de deux mois. Il y a, Messieurs, parmi vous, des magistrats. Est-ce que la procédure pour un vol de mouchoir, pour le moindre délit, ne prend pas quelquefois plus de deux mois ? Eh bien, pour une procédure qui comprend plus d'une centaine d'accusés principaux, et pour lesquels il a fallu entendre mille ou deux mille témoins, il fallait nécessairement un temps considérable.

J'entre dans ces détails, parce qu'on s'est servi de cette lenteur de la justice pour en conclure que le Gouvernement mettait de la faiblesse à défendre l'ordre.

J'ose dire qu'un gouvernement qui a livré devant Paris cette terrible bataille de deux mois, dont je vous ai fait le récit, n'est pas un gouvernement porté à la faiblesse.

Aucun gouvernement n'a été plus énergique. Mais enfin, je suis partisan de la politique modérée.

Je ne veux pas dire par là que, dès qu'il y a le moindre trouble, il ne faille pas le réprimer sur-le-champ et d'une façon énergique ; mais je dis qu'il ne faut pas prendre pour des ennemis ou des conspirateurs tous ceux qui n'ont pas tout à fait nos opinions.

Il faut bien se dire que beaucoup de gens qu'on prend pour des ennemis ne le sont pas.

C'est ainsi que, quand des hommes de divers partis s'abordent à la Chambre, ils s'aperçoivent bien vite que ceux qu'ils considéraient de loin comme très-hostiles ne le sont pas, que ce sont tout simplement des gens qui pensent autrement.

Je crois qu'il faut apporter cette philosophie dans le gouvernement. En étant calmes, patients, équitables les uns pour les autres, nous avancerons beaucoup plus sûrement l'apaisement des esprits qu'en prodiguant les mesures de rigueur.

En même temps, il y a un autre travail qui doit se faire, et se fera, je veux parler de l'évacuation du territoire, laquelle, j'en conviens, est très-laborieuse et très-difficile. Nous ne l'obtiendrons qu'en ayant une bonne attitude, c'est-à-dire l'attitude d'un gouvernement paisible qui sent sa force, et ne veut pas en faire parade inutilement. De plus, il faut de l'argent, et pour avoir de l'argent il faut du crédit, et pour avoir du crédit il faut du calme dans les esprits.

Si notre crédit, par suite d'une politique agitée, reçoit la plus légère atteinte, l'escompte en devient plus difficile ; et ce que nous ferions autrement en huit jours, il nous faut quinze jours pour l'accomplir. J'espère donc que nous réussirons si l'Assemblée veut bien avoir confiance dans notre manière de voir et s'y prêter. J'aborde, vous le voyez, la politique actuelle, parce que M. le Président nous dit que le rapport aura pour but de faire connaître l'état du pays. Eh bien, moi, j'ai confiance ; je crois que la situation reste grave, mais que, si nous sommes prudents, si nous sommes patients, nous arriverons au terme de nos douleurs, et nous reviendrons à une situation meilleure.

Notre territoire sera délivré ; notre crédit, qui est déjà presque rétabli, achèvera de se refaire complétement ; tout se réorganisera, et alors, quand nous nous reverrons l'année prochaine ici, vous trouverez que la situation a fait de grands progrès.

Voilà ce que j'avais à vous dire, et je vous ai parlé avec beaucoup de sincérité. Maintenant, si vous avez d'autres questions à m'adresser, j'y répondrai avec empressement.

NOTE

Il nous a paru intéressant de donner ici l'appréciation, faite par le *Journal de Saint-Pétersbourg*, du passage de la déposition de M. Thiers relatif à son séjour en Russie au mois d'octobre 1870 :

Nous constatons avec plaisir la parfaite loyauté et la parfaite convenance avec lesquelles M. Thiers a apprécié l'attitude bienveillante du cabinet impérial envers la France. Cette attitude a été très-nettement caractérisée par les paroles que M. Thiers dit avoir recueillies de la bouche de S. M. l'empereur : La Russie ne ferait pas la guerre pour la France, mais elle l'aiderait de toute son influence à sortir de la crise terrible où elle se débattait.

M. le Président a reconnu que cette parole a été loyalement dégagée. Tout ce que pouvait faire le cabinet impérial, c'était d'ouvrir la voie aux négociations de paix. Il en a pris l'initiative, et son exemple a été suivi par les puissances neutres. Si, à ce moment, la paix avait été conclue, il est probable qu'elle eût été moins onéreuse pour la France.

Nous ne pouvons toutefois nous empêcher de regretter les restrictions purement hypothétiques dont

M. Thiers a accompagné cet hommage rendu aux bonnes intentions de la Russie. Pourquoi ces suppositions d'alliance, ou du moins de liens existant entre la Russie et la Prusse? Pourquoi cette distinction entre les relations de famille et les sentiments de la société russe? Puisque M. Thiers avoue lui-même n'avoir aucune certitude à cet égard, il nous semble qu'il aurait mieux fait de ne point mentionner ces conjectures, qui jettent le doute sur une situation en elle-même très-nette.

Tout a été dit sur les relations de la Russie avec la Prusse. Elles sont claires comme l'évidence, parce qu'elles sont basées sur des intérêts positifs qui ne sont un secret pour personne. Ces intérêts, la géographie les a créés, l'histoire les a confirmés, — la fausse politique du second empire français en a accru la solidarité. Ils imposaient à la Russie l'attitude de neutralité qu'elle a observée. Ce sont ceux qui ont donné à cette neutralité une signification favorable à la Prusse, et par conséquent désavantageuse à la France.

Ces vérités sont pour ainsi dire mathématiques. Il ne servirait à rien de les méconnaître ou de les dénaturer.

La politique du cabinet impérial a été strictement basée sur les intérêts évidents de la Russie, par conséquent le gouvernement n'a pas pu être en désaccord avec le pays. Cela n'empêche nullement les sympathies marquées pour la France que M. Thiers a trouvées dans la société russe. Ces sympathies datent de loin. Elles ont naturellement dû s'accroître par le spectacle des malheurs inouïs qui s'abattaient sur la nation française. L'humanité seule suffit pour justifier ce sentiment. Mais M. Thiers ne peut pas ignorer que la politique se règle sur les intérêts des peuples et non sur les sentiments.

Si les sympathies qu'il signale de la part de la société russe n'ont pas pu s'appuyer sur la solidarité des intérêts, c'est que la politique du second empire français n'a pas voulu ou n'a pas su comprendre cette solidarité.

Mais ce que M. Thiers constate très-loyalement, c'est que, dans la situation donnée des choses, le cabinet impérial a fait tout ce qui dépendait de lui pour concilier ces intérêts avec ces sentiments.

Il ne pouvait pas faire davantage, et, comme homme d'État, M. Thiers ne pouvait pas s'attendre à plus.

FIN.

www.ingramcontent.com/pod-product-compliance
Ingram Content Group UK Ltd.
Pitfield, Milton Keynes, MK11 3LW, UK
UKHW022128070726
13613UKWH00003B/1291